$L b \overset{49}{} 682.$

NOTICE
SUR
J. A. MANUEL,

ANCIEN DÉPUTÉ DE LA VENDÉE,

ET

PRÉCIS DES ÉVÉNEMENS

QUI ONT ACCOMPAGNÉ SES OBSÈQUES,

Par un Témoin oculaire.

Ils ne sont plus, laissez en paix leur cendre.
CASIMIR DELAVIGNE.

PARIS,
CHEZ LES LIBRAIRES DU PALAIS-ROYAL.

1827.

NOTICE

SUR

J. A. MANUEL,

ANCIEN DÉPUTÉ DE LA VENDÉE.

NOTICE
SUR
J. A. MANUEL,
ANCIEN DEPUTE DE LA VENDÉE,

ET

PRÉCIS DES ÉVÉNEMENS
QUI ONT ACCOMPAGNÉ SES OBSÈQUES,

Par un Témoin oculaire.

> Ils ne sont plus, laissez en paix leur cendre.
> CASIMIR DELAVIGNE.

PARIS,
CHEZ LES LIBRAIRES DU PALAIS-ROYAL.
—
1827.

IMPRIMERIE DE DONDEY-DUPRÉ.

NOTICE

SUR

J. A. MANUEL,

ANCIEN DÉPUTÉ DE LA VENDEE.

La mort d'un homme qui a acquis une grande célébrité est toujours un événement remarquable. Lorsque Talma mourut, une foule considérable suivit sa dépouille jusqu'au champ du repos ; celles de Foy, de La Rochefoucauld, de Montmorency, furent accompagnées par de nombreux amis. Plus jeune qu'eux tous, Manuel avait peut-être des droits semblables à un pareil honneur. Quoique, depuis plusieurs années, il fût rentré dans la vie privée, il avait laissé de profonds souvenirs à la tribune, au barreau et dans le monde. Son talent spécial, et l'exagération même que ses ennemis lui reprochaient, avaient dû lui attirer de nombreux partisans. Beaucoup se flattaient encore de le voir un jour remonter à la tribune. Lorsque le bruit de sa mort, tout-à-fait inattendue, se répandit, il produisit un effet électrique. Tous les souvenirs qui se rattachaient à son nom se réveillèrent, et l'on dut s'attendre à voir à ses funérailles un concours d'hommes d'opinions diverses, et de curieux.

Tous les journaux ont gardé un silence absolu sur les événemens qui ont accompagné ses obsèques. Une brochure destinée à en rendre compte, et dont nous ne prétendons juger ni l'esprit ni les intentions, a été saisie au moment où elle a paru. Rien ne resterait donc de ces circonstances mémorables! Sans doute on nous saura gré de les soustraire à l'oubli, en les rapportant avec simplicité.

Mais nous remplirions imparfaitement notre tâche, si nous ne faisions connaître auparavant quelques-unes des particularités les plus remarquables de la vie de cet orateur célèbre, qui occupera toujours un rang éminent dans les annales françaises, quels que puissent être les jugemens portés sur son compte par des opinions opposées à celles qu'il manifesta.

Manuel (Jacques-Antoine) naquit à Barcelonnette, département des Hautes-Alpes, le 10 décembre 1775. Placé au collége des doctrinaires de Nîmes, il y faisait, à l'âge de treize ans, une seconde année de philosophie, lorsque les troubles qui se manifestèrent dans cette ville entre les catholiques et les protestans, et dont les colléges même devinrent un sanglant théâtre, le forcèrent, ainsi que tous ses condisciples, à rentrer dans le sein de sa famille. En 1793, à l'âge de dix-sept ans, il entra comme volontaire dans l'un des bataillons formés par la réquisition, et il ne tarda pas à être nommé officier. Les campagnes d'Italie, où il assista aux brillantes affaires qui devaient amener la glorieuse paix de Campo-Formio, en lui fournissant les moyens de déployer une bravoure brillante, lui valurent le grade de capitaine de cavalerie. Mais une maladie grave, suite des fatigues de ces campagnes, et les sollicitations de sa famille, le déterminèrent à quitter une carrière où tout lui présageait des succès, pour en prendre une plus analogue peut-être à ses talens et à ses goûts. En effet, tout semblait l'appeler au barreau. Il s'établit d'abord au tribunal civil de son département, et, bientôt après, auprès de la Cour d'appel établie à Aix par l'organisation judiciaire de l'an VIII. La première fois qu'il porta la parole en public, dans la patrie des Mirabeau et des Portalis, il devint l'objet d'une distinction aussi rare que flatteuse ; la Cour chargea son président de témoigner au jeune orateur, immédiatement après le prononcé du jugement, le plaisir qu'elle avait de voir auprès d'elle un avocat qui s'annonçait par des talens aussi distingués.

Entouré de l'estime et de la considération dues à ses talens, à l'aménité de ses manières et au désintéressement avec lequel il exerçait sa profession, Manuel n'avait eu d'autre ambition que celle de continuer une existence aussi douce qu'honorable, lorsque les événemens du 20 mars 1815, par l'ébranlement qu'ils amenèrent dans toutes les parties de l'administration, vinrent suspendre ses travaux. Il crut devoir en profiter pour voir la capitale, qu'il ne connaissait point encore. On le sollicita vainement d'accepter la députation. Sa modestie lui fit demander les suffrages du collége électoral, dont il était membre, pour un de ses amis qui se trouvait alors à Paris. Mais arrivé lui-même dans cette ville, il y reçut la nouvelle de sa double nomination par le collége de l'arrondissement de Barcelonnette, et par celui du département des Basses-Alpes. Dans un moment où la mission de député n'était pas sans dangers, Manuel pouvait craindre qu'un second refus ne fût mal interprété, et il accepta.

Après la bataille de Waterloo et l'abdication de Napoléon, les souverains alliés ayant déclaré qu'ils ne faisaient pas la guerre à la nation française, Manuel fit prévaloir l'opinion que le gouvernement provisoire devait se composer de manière à pouvoir être considéré comme entièrement national, et à l'abri de toute influence. Elle fut unanime dans les deux chambres, qui repoussèrent tout projet de régence. Mais, le lendemain, un ministre d'état demanda la proclamation de Napoléon II. Violemment appuyée par les uns, repoussée, avec la même véhémence, par les autres, cette proposition répandait la discorde la plus alarmante au sein de l'assemblée. Manuel, au milieu du trouble et de l'agitation, monta à la tribune pour demander qu'on passât à l'ordre du jour, motivant sa motion sur ce que les constitutions de l'Empire encore existantes rendaient la proclamation inutile, et que d'ailleurs la chambre ne pouvait revenir sur sa première décision. L'ordre du jour fut adopté à l'unanimité et avec enthousiasme.

Peu de jours après, Manuel fut nommé rapporteur de la commission chargée de présenter un projet de constitution ; la discussion fut longue et orageuse. Dans sa séance du 7 juillet, la chambre reçut du gouvernement provisoire un message annonçant que la présence des armées étrangères forçait ce gouvernement à cesser ses fonctions. Aussitôt que la lecture de ce message fut terminée, Manuel prit la parole pour demander qu'on passât à l'ordre du jour, et que la discussion sur la constitution fût reprise. Le discours qu'il prononça à cette occasion fut couvert d'applaudissemens, et la séance fut continuée. Le lendemain, les députés trouvèrent les portes de la chambre closes et gardées par des soldats : ils se rendirent chez leur président pour constater, par un acte, les circonstances qui les forçaient à se séparer.

Manuel, désirant se fixer définitivement dans la capitale, fit vendre ses propriétés dans le midi, et se présenta au barreau de Paris, où son admission fut, non pas refusée, mais ajournée indéfiniment. En 1818, il fut élu simultanément à la chambre des

Députés par le département du Finistère et par celui de la Vendée, et opta pour ce dernier. Les bornes d'une simple notice ne nous permettent pas de suivre ses travaux aux différentes sessions où il fut réélu depuis cette époque; il nous suffira de dire que la plupart de ses discours passeront à la postérité comme des modèles d'éloquence.

En 1823, après de vains efforts pour empêcher la réélection du député de la Vendée, ses ennemis s'arrêtèrent, dit-on, au projet de l'exclure de la chambre pour cause d'indignité, comme Grégoire; mais ils y renoncèrent bientôt, et trouvèrent, dans un de ses discours sur la guerre d'Espagne, prononcé le 27 février, un motif d'exclusion : il fut arrêté, au milieu d'une phrase, par un tumulte effroyable, fut rappelé à l'ordre, et ne put ni se justifier ni achever sa phrase. Le lendemain, M. de La Bourdonnaye renouvela la proposition qu'avait faite M. Forbin des Issarts, et demanda l'expulsion de Manuel. Cette proposition prise en considération, fut remise à une commission dont M. de La Bourdonnaye fut nommé rapporteur ; l'exclusion fut prononcée le 3 mars, et le lendemain Manuel se présenta de nouveau à la chambre : le président l'invita à se retirer; il répondit qu'il ne céderait qu'à la violence. Sur la proposition du président, la séance fut suspendue pendant une heure, après laquelle le chef des huissiers vint lire un ordre qui lui enjoignait de faire sortir

M. Manuel, qui répondit : « L'ordre dont vous êtes » porteur est illégal, je n'y obtempérerai pas. » Le chef des huissiers sort alors de la salle, et rentre un instant après avec un détachement de gardes nationales et de vétérans : l'officier ordonne au sergent Mercier d'avancer; celui-ci fait un geste négatif. Le chef de huissiers sort de nouveau, et fait entrer un piquet de gendarmerie ayant à sa tête M. le vicomte de Foucault, colonel de cette arme, qui enjoignit à Manuel de sortir ; sur son refus fortement prononcé, le colonel s'écrie : « *Gendarmes, empoignez M. Manuel.* » Au moment où ceux-ci se disposent à le saisir, le député se lève, et dit à l'officier qui est le plus près de lui : « Cela me suffit, » Monsieur, je suis prêt à vous suivre. » Il quitte en effet son banc; l'officier le prend par le bras, et ils sortent ensemble de la salle : tous les membres du côté gauche se précipitent au milieu des gendarmes, et, malgré leur opposition, sortent avec leur collègue.

On concevra aisément par quels motifs nous avons supprimé les réflexions qui s'offrent en foule, au souvenir de cet événement qui termina la carrière politique de Manuel; le lecteur n'a oublié, sans doute, ni les témoignages honorables dont le sergent Mercier fut couvert, ni les sifflets qui, d'un bout de la France à l'autre, répondirent aux paroles du gendarme.

Depuis sa retraite des affaires publiques, il s'était retiré dans une maison fort modeste, rue des Martyrs, n° 23, avec notre célèbre chansonnier Béranger, auquel une étroite amitié l'unissait; il passait une partie de la belle saison au château de Maisons, chez M. Lafitte, banquier, à 5 lieues de Paris, et l'autre dans des forges dont il était propriétaire en Alsace.

La nature du talent de Manuel était l'à-propos : doué d'un imperturbable sang-froid, il savait, dans les discussions les plus animées, écouter ses contradicteurs, s'emparer de toutes leurs fautes, et par des improvisations dont la méthode et l'arrangement étaient remarquables, il dominait souvent les délibérations. Il résulte de ces particularités qu'il y a très-peu de discours écrits de lui, et que les journaux, en les reproduisant, en altéraient toujours plus ou moins le sens, selon leurs intérêts et l'espace dont ils pouvaient disposer. Depuis deux ans il s'occupait à les mettre en ordre et à les rétablir; mais il ne cédait pas à la vanité de les publier de son vivant : toujours impassible, il n'aurait pas voulu, par cette publication, paraître appeler sur lui l'attention des électeurs. Nous ignorons si cet ouvrage, curieux comme matériaux de l'histoire de notre chambre des Députés, a été achevé.

Depuis long-tems Manuel était atteint d'une maladie de vessie qui le faisait beaucoup souffrir; il avait été, dans ses dernières années, obligé de renoncer presque entièrement à la chasse, qu'il aimait avec passion. Enfin, vers le milieu d'août de cette année, il fut atteint d'un redoublement si violent, que l'on désespéra bientôt de sa guérison, et qu'il fut même impossible de le transporter à son domicile ; il reconnut bientôt lui-même son état, et, par sa résignation et sa constance à souffrir des douleurs intolérables, il ne démentit point sa réputation de courage. Peu de jours après, et le 20 août, il succomba à 5 heures et demie du soir, entre les bras de son frère et entouré de ses plus intimes amis ; il avait alors 52 ans.

Aussitôt après sa mort, on s'occupa de son embaumement, et une correspondance s'établit entre M. Lafitte, représentant la famille Manuel, et M. le Préfet de Police, pour régler ce qui était relatif à ses obsèques. M. Lafitte sollicitait que le corps fût transporté immédiatement au domicile du défunt, pour être conduit, après l'autopsie, au cimetière du Père-Lachaise. Il paraît que M. Lafitte reçut l'invitation de s'adresser au Préfet de Seine-et-Oise à Versailles, et que ce ne fut qu'après beaucoup d'explications, d'allées et de venues, qu'il obtint l'autorisation de renvoyer les funérailles au vendredi 24 août.

Quoiqu'un seul journal eût annoncé la mort de l'ancien député de la Vendée, cette nouvelle s'était promptement répandue. Oublié, pour ainsi dire, pendant les dernières années de sa vie, il excita puissamment l'attention à son décès. Il faut le dire, l'importance de cet homme, vivant alors dans une obscure retraite, fut tout-à-coup révélée; mais, en même tems, les opinions opposées s'emparèrent de cet événement, et parurent vouloir l'exploiter à leur profit. Dès lors, le jour des funérailles, le lieu du rendez-vous, la route que suivrait le convoi, furent demandés et indiqués avec empressement. Quoique le nombre des billets de faire part, distribués par la famille, fût considérable, la moindre partie des assistans au jour du convoi en avait reçu.

Le vendredi 24, à neuf heures du matin, le corps de Manuel partit du château de Maisons, sur une voiture de poste, accompagné de son frère, de quelques parens, de MM. Lafitte, Béranger, Moulard, Tissot, Mignet, Thiers, et d'une certaine quantité d'habitans de Maisons. Il fut transporté à la voiture par les domestiques de M. Lafitte et par plusieurs paysans. On se mit sur-le-champ en marche pour Paris : à chaque village, la nouveauté du spectacle, autant que les souvenirs du passé, attiraient une partie de la population sur le passage du convoi.

— Lorsque l'on approcha de Paris, on rencontra successivement plusieurs voitures d'amis de Manuel, qui venaient au-devant de son corps. A la barrière du Roule, il y avait déjà des personnes qui l'attendaient; on s'avança ainsi, par les boulevarts extérieurs, jusqu'à la barrière des Martyrs.

Une foule de jeunes gens et d'hommes de tous les états s'y étaient rendus vers onze heures; ils avaient défilé silencieusement dans la rue des Martyrs, et attendaient depuis environ une heure, au nombre de près de 10,000. Pendant qu'ils y étaient, le général Lafayette arriva dans sa voiture. A midi précis, celle qui portait le corps parut sur le boulevart: un corbillard attelé de quatre chevaux, et plusieurs voitures de deuil l'attendaient. Dès qu'il fut arrivé, des jeunes gens et des ouvriers l'enlevèrent de dessus la voiture de voyage, comme pour le transporter sur le char funèbre, mais on entendit aussitôt ces cris: *Nous voulons le porter! Honneur à Manuel!* et le corps s'avança au milieu de la foule. La gendarmerie s'interposa alors, et ordonna que le corps fût placé sur le corbillard. L'agitation était grande; le convoi ne se mettait pas en marche; on cherchait vainement à s'entendre, lorsque MM. Manuel J[e], Lafitte, Béranger, et quelques amis du défunt, étant parvenus à se faire écouter, rappelèrent que l'autorité avait permis que le convoi eût lieu à ce jour et à cette heure, à la condition expresse que l'ordre ne serait point troublé, et que les réglemens seraient exécutés; qu'en conséquence, ils priaient que le corps fût déposé sur le char funèbre, une cérémonie aussi douloureuse ne devant servir de prétexte à aucun désordre. Dès que cette invitation put être entendue, les jeunes gens s'empressèrent d'y déférer, et le cercueil fut aussitôt déposé sur le corbillard.

Pendant ce tems les cris : *A bas les sabres !* s'étaient fait entendre autour des gendarmes, qui cessèrent cette inutile démonstration dès qu'ils virent qu'on ne songeait réellement pas à opposer la moindre résistance à l'autorité.

Dès que le corps fut placé sur le char et recouvert du drap funèbre, plusieurs personnes déposèrent sur le cercueil les insignes de celui qu'elles venaient accompagner. C'était la couronne de chêne qui lui fut décernée le 12 mars par les habitans de Grenoble, une palme d'or offerte par la ville de Tours, une couronne d'or donnée par celle de Lyon, un coupe qu'il reçut du département de la Vendée. Le sergent Mercier, si connu à cette même époque, plaça à son tour une couronne de chêne à rameaux d'or sur le cercueil, en prononçant quelques paroles que nous n'avons pu entendre ; c'était la même qu'il avait reçue de la garde nationale de Paris.

Une grande couronne de chêne tressée d'une bandelette rouge fut placée sur le plus haut panache du corbillard. Il allait se mettre en marche, lorsque tout à coup les traits des chevaux furent coupés, et une foule de jeunes gens, s'étant emparés du timon, entraînèrent le char funèbre. Une courte explication eut lieu entre eux et le commissaire de police qui présidait à la cérémonie. Le corps était sur le char, on pouvait croire qu'on avait satisfait à la loi et à l'autorité. Il y eut donc une espèce de transaction tacite, par laquelle les amis de Manuel furent admis à traîner le char qui portait son corps, et l'autorité consentit à ce que le cortége se formât dans cet ordre.

Le convoi se mit alors en marche, et, dans quelques minutes, le silence et l'ordre régnèrent partout. Il s'était divisé en deux longues files qui suivaient les deux côtés du boulevart, et au milieu desquelles marchaient plusieurs voitures et le char funèbre. Ce fut ainsi qu'il continua à s'acheminer avec le plus grand ordre vers le cimetière du Père-Lachaise. A chaque barrière, un grand nombre de curieux venait voir passer le cortége auquel beaucoup s'unissaient. Il comptait déjà plus de 15,000 personnes.

Il venait de dépasser la barrière de la Couronne et approchait de celle de Ménilmontant, lorsqu'on aperçut, près de cette dernière barrière, un grand nombre de gendarmes, à pied et à cheval, qui barraient le chemin au convoi. Derrière eux était un nouveau corbillard attelé de quatre chevaux. Le cortége continua de s'avancer jusqu'auprès des gendarmes : là, sommé de s'arrêter, il suspendit sa marche. Tout était resté dans le plus grand ordre, pendant qu'à la tête du convoi on s'expliquait très-vivement, il est vrai, avec la gendarmerie. Après dix minutes d'attente, le corbillard fit inutilement quelques mouvemens pour continuer sa route au milieu de la foule qui se serrait toujours davantage. Ce fut alors seulement que l'on apprit, à la queue du convoi, que la gendarmerie arrêtait sa marche; il s'y fit une très-grande agitation au milieu de mille propositions diverses, et dont malheureusement un bien petit nombre étaient complètement raisonnables. Au milieu du désordre inévitable en pareil cas, et des craintes qui agitaient les personnes les plus froides, quelqu'un s'élance sur le char funèbre et s'écrie d'une voix forte : « Que, puisqu'il n'est » point possible aux amis de Manuel de lui rendre » dignement et paisiblement les derniers devoirs à » Paris, ils doivent le ramener à Maisons. » Cette proposition est accueillie avec joie par ceux qui considèrent comme un outrage à la mémoire de leur ami, qu'on ait arrêté le convoi; elle pénètre de tristesse ceux qui pensent qu'en attelant au corbillard les chevaux que l'on amenait, tout rentrerait dans l'ordre, et que l'on prépare involontairement une scène de désordre au milieu de ces funérailles jusque-là si calmes. Mais ni l'affliction des uns, ni l'exaltation des autres, ne peuvent amener aucun résultat : la gendarmerie qui suivait le convoi s'est fermée derrière lui lorsqu'elle a vu les jeunes gens retourner rapidement le char funèbre vers le point du départ, et ce n'est pas dans cette partie du cortège que la question du nouvel ordre à suivre sera décidée.

Pendant que ces choses se passent autour du cercueil, la tête du cortége est entrée en explication avec l'autorité; un ordre de la Préfecture de Police a été lu, qui porte qu'il ne sera permis au convoi de passer que lorsque les chevaux auront été de nouveau attelés au char. La confusion est extrême; les reproches, les invectives, les cris se croisent et se succèdent : enfin, M. Lafitte, chef du deuil, a pu s'expliquer avec M. de Saint-Germain, capitaine commandant la force armée; il en a acquis la certitude qu'il demeurera spectateur passif du reste de la cérémonie, si l'ordre de la Préfecture de Police s'exécute sans résistance : il le conjure de ne rien précipiter, et se rend auprès du cercueil avec Béranger et quelques autres amis. Ce n'est qu'avec la plus grande peine qu'ils pénètrent à travers la foule, et que M. Lafitte parvient à se faire entendre. Il rappelle qu'il a déjà obtenu de l'autorité de conduire les restes de Manuel à la place que sa famille a désignée; mais qu'alors il s'est soumis à l'obligation d'obéir aux réglemens de police et d'employer toute son influence à les faire exécuter; que celle-ci a le droit d'exiger que le corbillard ne soit point traîné d'une manière inusitée; que si elle a cédé jusqu'ici à la douleur des nombreux amis de Manuel, elle est en droit d'exiger maintenant qu'ils accomplissent la parole donnée par la famille ; qu'une juste déférence à ses ordres peut seule être digne du douloureux enthousiasme et de l'amour de l'ordre qui les animent ; qu'enfin il demande cette dernière marque de respect à la mémoire d'un grand homme, et pour lui-même ce témoignage de confiance.

Ces paroles produisirent une profonde sensation sur ceux qui les entendirent ; mais ceux qui tenaient le timon du corbillard étaient trop éloignés pour en avoir éprouvé l'effet : M. Lafitte vint s'adresser directement à eux de plus près, et il obtint bientôt que le char serait retourné vers sa première route. L'autorité voyant que l'on cédait à ses demandes, n'insista pas pour que les quatre chevaux fussent attelés ; deux seulement le furent, de manière que les jeunes gens continuèrent réellement à traîner le cercueil. Toutes les volontés étaient satisfaites, toute irritation était éteinte : la gendarmerie s'ouvrit en haie, et le convoi reprit paisiblement sa marche.

Peu de tems après, il arriva au cimetière du Père-Lachaise, et il commença à y entrer ; les jeunes gens formèrent aussitôt la chaîne pour protéger, au milieu d'une foule de curieux, les pas des parens et des principaux amis de Manuel : ce ne fut qu'après beaucoup d'efforts qu'ils parvinrent à les placer au milieu d'eux et à les conduire vers la tombe de leur ami, voisine de celle du général Foy.

Pendant ce tems le corbillard, en arrivant à la porte du champ du repos, avait de nouveau été entraîné par les jeunes gens qui avaient encore dételé les chevaux. Un officier de gendarmerie qui était présent voulut faire exécuter les ordres qu'il avait reçus ; il appelle ses soldats, marche au char funèbre : la foule s'ouvre sur son passage ; mais au moment même, le char franchit le seuil de la porte du cimetière, et ses deux battans, poussés vivement par les personnes qui venaient d'entrer, se ferment devant la gendarmerie qui n'insiste pas et se retire. Les portes se rouvrent : déjà le cercueil n'est plus sur le corbillard ; des amis, des partisans chaleureux le transportent eux-mêmes vers la tombe, où il arrive à travers la foule : celle-ci garnit toutes les issues, inonde les allées, escalade les vastes échafaudages des monumens en construction, et, par amour pour un homme, foule aux pieds les tombeaux, les urnes cinéraires, les arbustes qui couvrent d'autres dépouilles non moins sacrées. Comment contenir le mouvement tumultueux de quatre-vingt mille curieux qui tous veulent voir et entendre ! Les flots presque aveugles de cette multitude se poussent l'un l'autre, se précipitent dans les fosses nouvellement ouvertes, occupent toutes les avenues de la tombe où le cercueil sera déposé, et s'opposent involontairement à son passage. Enfin, des amis l'ont religieusement apporté : on le place près du tombeau ; des couronnes d'immortelles volent par-dessus les têtes et descendent sur les restes de Manuel. Un silence profond se fait, et M. Lafitte, comme chef du deuil et principal ami de Manuel, prend la parole. Il regrette que les pertes de la France deviennent chaque jour plus douloureuses ; qu'à peine la tombe de Foy fermée, la mort rappelle les mêmes hommes au même lieu, pour rendre les derniers devoirs à Manuel : il rappelle sa vie et les titres qu'il a eus à l'estime publique ; son expulsion de la chambre des Députés, qu'il cite comme un triomphe ; l'oubli dans lequel ses concitoyens l'ont laissé depuis lors ; l'emploi qu'il faisait de son repos à se préparer, par d'utiles travaux, à rentrer un jour dans la lice. Il termine par des expressions touchantes de regret et d'admiration.

Après lui, le général Lafayette prend la parole. Il ne nous convient ni de reproduire son discours, ni d'émettre à son égard une opinion ; nous aimons mieux ne le pas rapporter, que de le faire imparfaitement, et la distance à laquelle nous étions placé ne nous a permis d'ailleurs que d'en retenir le sens.

M. de Schonen, conseiller à la cour royale, prononce ensuite une courte oraison funèbre. L'émotion la plus vive l'agite en ce moment, et pendant qu'il parle, deux fois la foule qui l'environne répond à ses interpellations.

Après ces trois discours, un jeune artisan, M. Lazare Auger, demande à être entendu, et prononce, d'une voix aigre et troublée, quelques phrases sans suite et peu convenables dans une telle circonstance, mais qui cependant excitent quelques applaudissemens.

Aussitôt après, le cercueil est descendu dans la fosse ; la foule se répand au loin vers les issues. Quelques amis accompagnent, vers leurs voitures, le général Lafayette, MM. Lafitte, Béranger et Manuel J^e ; et les amis de l'ancien député, ses admirateurs, ses partisans, les curieux, retournent paisiblement chez eux.

Nous aurions dû dire plus tôt qu'on remarquait dans la foule ; MM. d'Argenson, Méchin, Labbey-Pompières, Étienne, Lecarlier, Lemercier, Jouy, Cousin, Arnault père et fils, les neveux du général Foy, Barthe, Mérilhou, Isambert, accompagné de deux hommes de couleur, MM. Fabien et Bissète, qu'il a sauvés de la rigueur des lois, et dont Manuel avait aussi été le défenseur ; une foule d'hommes distingués dans les arts, dans les sciences, dans les lettres ; des manufacturiers, des imprimeurs, des médecins, des avocats, des étudians, des ouvriers.

Telle a été cette cérémonie remarquable, dans laquelle, quelque opinion que l'on professe, on doit voir un des événemens de l'époque qui serviront, par la suite, à la caractériser. Ainsi s'est terminée la carrière d'un homme qui, dans quelques années d'une existence politique, avait attiré sur lui, tour à tour, la haine et la plus haute estime des partis opposés.

FIN.

www.ingramcontent.com/pod-product-compliance
Lightning Source LLC
Chambersburg PA
CBHW070525050426
42451CB00013B/2854